Alexandra Rabanus

RFID - Radio-Frequenz-Identifikation

GRIN - Verlag für akademische Texte

Der GRIN Verlag mit Sitz in München hat sich seit der Gründung im Jahr 1998 auf die Veröffentlichung akademischer Texte spezialisiert.

Die Verlagswebseite www.grin.com ist für Studenten, Hochschullehrer und andere Akademiker die ideale Plattform, ihre Fachtexte, Studienarbeiten, Abschlussarbeiten oder Dissertationen einem breiten Publikum zu präsentieren.

Dokument Nr. V117080 aus dem GRIN Verlagsprogramm

Alexandra Rabanus

RFID - Radio-Frequenz-Identifikation

GRIN Verlag

Bibliografische Information der Deutschen Nationalbibliothek: Die Deutsche Bibliothek verzeichnet diese Publikation in der Deutschen Nationalbibliografie; detaillierte bibliografische Daten sind im Internet über http://dnb.d-nb.de/ abrufbar.

1. Auflage 2008
Copyright © 2008 GRIN Verlag
http://www.grin.com/
Druck und Bindung: Books on Demand GmbH, Norderstedt Germany
ISBN 978-3-640-19469-8

FOM Fachhochschule für Oekonomie & Management
München

Berufsbegleitender Studiengang zur
Diplomkauffrau

9. Semester
Hausarbeit im Schwerpunktfach Datenverarbeitung III

RFID – Radio-Frequenz-Identifikation

Autorin: Alexandra Rabanus
München, 14.06.2008

INHALTSVERZEICHNIS

Abbildungsverzeichnis

Tabellenverzeichnis

Abkürzungsverzeichnis

Auto-ID	Automatische Identifikation
EEPROM	Electric Erasable and Programmable Read-Only-Memory
EPC	Electronic Product Code
EPROM	Erasable Programmable Read-Only-Memory
FRAM	Ferroelectric Random Access Memory
HF	Kurzwelle
ISM	Industrial Scientifical Medical
ISO	Internationale Organisation für Normung
IT	Informationstechnologie
LF	Langwelle
MHz	MegaHertz
MW	Mikrowelle
RAM	Random Access Memory
RFID	Radio-Frequenz-Identifikation
ROI	Return On Investment
ROM	Read-Only-Memory
SRAM	Static Random Access Memory
UHF	Ultrakurzwelle

1 Einleitung

Der Begriff Radio-Frequenz-Identifikation (RFID) bezeichnet ein Verfahren zur kontaktlosen Identifikation von Objekten per Radiowellen.[1] Ein Rückblick in die Vergangenheit zeigt auf, dass diese Technologie seit Mitte des letzten Jahrhunderts präsent ist:[2] Bereits im Zweiten Weltkrieg wurde ein Vorläufer dieser Technologie in Kampfflugzeugen zur Freund-Feind-Erkennung eingesetzt. In den 60er Jahren wurde RFID erstmals im zivilen Bereich zur Warensicherung verwendet. Anfang der 70er Jahre folgte die Anwendung zum Zweck der Tieridentifikation und in den 80er Jahren wurden auf RFID basierende Mautsysteme erfolgreich im Straßenverkehr eingeführt. In den 90er Jahren kamen u.a. die Bereiche Wegfahrsperren, Skipässe, Tankkarten und Zugangskontrollen hinzu. Zu den Pionieren der Anwendung von RFID zählen insbesondere die Handelskonzerne.[3] Die RFID-Technologie erspart den Testkunden der Metro im Future Store derzeit das Anstehen an der Kasse, weil die Preise und Artikelnummern automatisch erfasst werden. Intelligente Regale erkennen, welche Artikel entnommen wurden und melden diese an das Warenwirtschaftssystem. Im August des Jahres 2007 hat das Unternehmen Rewe einen Test gestartet, bei dem die Logistik für bestimmte Sortimente mittels RFID-Technik beschleunigt wird.[4] Um einen allgemeinen Standard in der Warenwirtschaft zur Produkterkennung zu schaffen, wurde im Jahr 2003 der ‚Electronic Product Code' (EPC) eingeführt, der jedem Produkt global eine eindeutige Kennung gibt.[5]

1.1 Ziel der Arbeit

Das Ziel dieser Hausarbeit besteht darin,

1. Grundlagen der RFID-Technologie vorzustellen,
2. ausgewählte Aspekte zur Anwendung von RFID in der Praxis analysierend aufzuzeigen und
3. einige Anwendungsbeispiele zu präsentieren.

---

[1] Vgl. Hansen, H., Neumann, G. (2005), S. 173.
[2] Vgl. Kern, C. (2006), S. 2 f.
[3] Vgl. Fleschner, M., Matting, F. (2006), S. 96.
[4] Vgl. Löwer, C. (2007), S. 18.
[5] Vgl. Finkenzeller, K. (2006), S. 307 ff.

1.2 Aufbau der Arbeit

Bei dem Aufbau der Hausarbeit orientiere ich mich an folgendem Schema: In Kapitel 2 werden Grundlagen der RFID-Technologie erläutert. Zunächst wird auf die Notwendigkeit der automatischen Identifikation (Auto-ID) hingewiesen. Danach wird die Definition des Begriffs RFID vorgenommen. In einem weiteren Abschnitt erfolgt die Vorstellung wesentlicher Komponenten und Differenzierungsmerkmale der RFID-Technologie. Das Kapitel schließt mit Zukunftsprognosen zur Entwicklung von RFID. Darauf aufbauend konzentrieren sich die Ausführungen in Kapitel 3 auf RFID in der Praxis. In diesem Zusammenhang wird der Blick auf Standards, Kosten und Wirtschaftlichkeit, Störanfälligkeit und Aspekte der Sicherheit gerichtet, bevor einige Anwendungsbeispiele aus der Praxis präsentiert werden. Im vierten und letzten Kapitel folgt eine Schlussbetrachtung inklusive Ausblick.

2 Grundlagen der RFID-Technologie

Damit Wirtschaftsunternehmen erfolgreich agieren können, müssen Objekte eindeutig identifiziert und die resultierenden Daten bzw. Informationen lückenlos erfasst werden können. Dabei ist unerheblich, ob die Daten manuell oder automatisch generiert werden, das Ziel der Identifikation ist die Abbildung der gewonnen Daten nahezu in Echtzeit. Auf die Notwendigkeit der automatischen Identifikation wird nachfolgend eingegangen.

2.1 Die Notwendigkeit der automatischen Identifikation

Bei der manuellen bzw. papiergestützten Datenerfassung werden die Informationen, z.B. über den Verbleib eines Containers von Mitarbeitern via Tastatur in das Informationssystem eingegeben. Mit dieser Form der Datenpflege ergeben sich folgende Probleme:

- Statusmeldungen erreichen das Informationssystem erst zeitlich verzögert. So verringert sich die Zeitspanne, in der auf Schwierigkeiten innerhalb des Managements mit gegensteuernden Aktivitäten reagiert werden kann.[6]
- Mit der Intensität manueller Datenerfassungsprozesse steigt die Fehlerquote und somit die Kosten für die Fehlerbehebung.[7]

---

[6] Vgl. Martin, H. (2006), S. 463.
[7] Vgl. Vahrenkamp, R. (2007), S. 52.

Die Aufgabe der automatischen Identifikation besteht darin, Informationen zu Personen, Tieren, Gütern oder Waren eindeutig definiert und strukturiert bereitzustellen, damit diese Daten maschinell erfasst und weiter verarbeitet werden können.[8] Die technologische Identifikation verschiedener Objekte bietet die Chance zur Automatisierung der Schnittstelle zwischen Material- und Informationsfluss von beispielsweise logistischen Systemen.[9] Bei der RFID-Technologie handelt es sich um ein Auto-ID-System, das einen Datensatz in einem IT-System speichert.[10] Im kommenden Abschnitt wird der RFID-Begriff kurz definiert.

2.2 Der Begriff RFID

Kern (2006) beschreibt RFID als „... eine Technologie, die zur Kennzeichnung von Gegenständen, Tieren und Personen verwendet wird. ... RFID-Systeme gehören zu den Auto-ID-Systemen, welche ein Objekt automatisch identifizieren oder mit anderen Worten maschinenlesbar machen."[11] Das Bundesamt für Sicherheit in der Informationstechnik (2004) beschreibt RFID als ein Verfahren, „um Objekte über gewisse Entfernungen berührungslos zu identifizieren. Die überbrückbare Distanz (Reichweite) liegt dabei typischerweise im Zentimeter- oder Meterbereich."[12] Die grundlegenden Elemente und die Funktionsweise von RFID-Systemen werden im kommenden Abschnitt präsentiert.

2.3 Komponenten und Eigenschaften

Ein RFID-System setzt sich grundlegend aus einer Lese- oder Schreib/Lese-Einheit, dem so genannten Reader, und einem Transponder zusammen.[13] Beide Komponenten sind mit einer Kopplungseinheit, d.h. einer Antenne oder Spule zum Senden und Empfangen von Daten ausgestattet, sowie mit einem Mikrochip zur Verarbeitung der Informationen.[14] Der Reader ist zusätzlich, über ein Interface, an einen Rechner mit

---

[8] Reppesgaard, L. (2007), S. 23.
[9] Vgl. Schmidt, D. (2006), S. 28.
[10] Vgl. Dittmann, L. (2006), S. 34.
[11] Kern, C. (2006), S. 2.
[12] Bundesamt für Sicherheit in der Informationstechnik (2004), S. 23.
[13] Vgl. Finkenzeller, K. (2006), S. 7.
[14] Vgl. Kern, C. (2006), S. 33.

einer RFID-Anwendung angeschlossen.[15] In Abbildung 1 sind die Komponenten schematisch dargestellt.

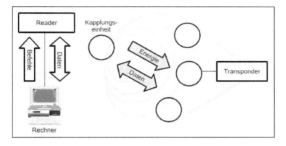

Quelle: in Anlehnung an: Lampe, M., Flörkemeier, C., Haller, S. (2005), S. 71 sowie Dittmann, L. (2006), S. 38.

Abbildung 1: Komponenten eines RFID-Systems

Der Transponder, der eigentlichen Datenträger eines RFID-Systems, ist in verschiedenen Bauformen erhältlich. Letztendlich hängt die Architektur des Transponders jedoch von der eingesetzten Technologie und vom Verwendungszweck ab.[16] In der Praxis werden sehr häufig ‚Smart Labels', d.h. eine Spule oder Antenne und ein Mikrochip sind lediglich auf einer Klebefolie aufgesetzt, verwendet.[17] Auch für den Reader gilt: Je nach Einsatzgebiet und verwendeter Technologie variieren die Bauformen. Für den mobilen Einsatz und geringe Lesereichweiten eignen sich tragbare Handgeräte, für einen größeren Leseradius werden so genannte ‚Gates' verwendet. Befinden sich viele, ungeordnete Transponder auf engstem Raum, empfehlen sich Tunnelreader.[18] Ein elementares Merkmal eines RFID-Systems ist die berührungslose, eindeutige Identifikation von Objekten anhand der zugeordneten Transponder.[19] Die auf dem Transpondermikrochip gespeicherten Daten werden nur auf Abruf des Readers innerhalb einer festgelegten Reichweite gesendet. Das System muss mehrere Transponder gleichzeitig verwalten können und ist ebenso verantwortlich für die

---

[15] Vgl. Lampe, M., Flörkemeier, C., Haller, S. (2005), S. 70.
[16] Vgl. Lampe, M., Flörkemeier, C., Haller, S. (2005), S. 71 f.
[17] Vgl. Finkenzeller, K. (2006), S. 20.
[18] Vgl. Bundesamt für Sicherheit in der Informationstechnik (2004), S. 28.
[19] Vgl. Kern, C. (2006), S. 34 f.

Qualität der gesendeten Informationen.[20] Auf ausgewählte Transponderformen wird im Folgenden eingegangen.[21]

2.3.1 1-Bit-Transponder

1-Bit-Transponder verfügen über keinen Mikrochip und werden insbesondere zur elektronischen Warensicherung verwendet. Diese Transponder kennen nur zwei Zustände, entweder null oder eins.[22] Das bedeutet übertragen auf ein Warensicherungssystem, dass sich die Ware entweder in der Reichweite des Readers befindet oder nicht. Der Reader ist im Ausgangsbereich eines Ladens positioniert und löst Alarm aus, sobald ein nicht deaktivierter Transponder versucht seinen Lesebereich zu passieren.

2.3.2 Read-only-Transponder

Der Speicher eines Transpondermikrochips ist ab Werk mit einer Identifikations-nummer, z.B. mit einem EPC-Code, programmiert, die nicht veränderbar ist und vom Reader nur ausgelesen werden kann.[23] Die spezifischen Informationen zum Transponderobjekt müssen mit der Identifikationsnummer verknüpft und in einer Datenbank abgelegt werden, um beim Lesevorgang wieder in einen sinnvollen Bezug zum Objekt gebracht werden zu können. Hält sich der Transponder im Lesebereich des Readers auf, sendet er eigenständig seine Identifikationsnummer.[24]

2.3.3 Read-write-Transponder

Read-write-Transponder sind mit beschreibbaren Speichern, wie z.B. mit ROM und zum Teil auch mit RAM-Speichern, ausgestattet und dementsprechend relativ kostenintensiv in der Herstellung.[25] Transponder dieser Art können Lese- und Schreibbefehle des Readers ausführen, auch können durch das Anwendungssystem die Daten neu geschrieben werden.[26] Im kommenden Abschnitt werden grundsätzliche

---

[20] Vgl. Bundesamt für Sicherheit in der Informationstechnik (2004) S. 27.
[21] Vgl. Wannenwetsch, H. (2007), S. 326 ff.
[22] Vgl. Finkenzeller, K. (2006), S. 32.
[23] Vgl. Fleisch, E., Mattern, F. (2005), S. 81.
[24] Vgl. Kern, R. (2006), S. 140.
[25] Vgl. Marek, C. (2007), S. 16.
[26] Vgl. Finkenzeller, K. (2006), S. 26 f.

Unterscheidungsmerkmale der RFID-Technologie erläutert.

2.4 Unterscheidungsmerkmale

Tabelle 1 zeigt verschiedene Kriterien hinsichtlich Frequenzen, Reichweiten Kopplungsverfahren, Störfaktoren und Anwendungsbeispiele im Überblick

	Langwelle (LF)	Kurzwelle (HF)	Ultrakurzwelle (UHF)	Mikrowelle (MW)	Reichweiten
Frequenzen:	< 135 kHz	13,56 MHz	868 MHz (EU) / 915 MHz (USA)	2,45 GHz (EU) / 5,8GHz (EU und USA)	
Systeme:					
Close-Coupling	■	■			bis ca. 1 cm
Remote-Coupling	■	■			bis ca. 1m
Long-Range			■	■	bis ca. 3 m (passive) bis ca.15 m (aktive)
Kopplung (Daten/Energie):	kapazitiv / induktiv	kapazitiv / induktiv	Backscatter	Backscatter	
Mögl. Störfaktoren:					
Nässe	kein Einfluss	kein Einfluss	negativer Einfluss	negativer Einfluss	
Metall	negativer Einfluss	negativer Einfluss	kein Einfluss	kein Einfluss	
Beispiele für Transponder-bauformen:	▪ Glasröhrchen-transponder ▪ Chipkarten ▪ Smart Label	▪ Smart Label ▪ Industrie-transponder	▪ Smart Label ▪ Industrie-transponder	▪ großformatige Transponder	
Anwendungs-beispiele:	▪ Zutrittskontrolle ▪ Wegfahrsperre	▪ Tracking & Tracing ▪ Pulkerfassung	▪ Paletten-erfassung ▪ Container-Tracking	▪ Straßenmaut ▪ Container-Tracking	

Quelle: in Anlehnung an: Kern, C. (2006), S. 48.

Tabelle 2: RFID-Unterscheidungsmerkmale

2.4.1 Frequenzen und Reichweiten

I.d.R. arbeiten RFID-Systeme auf ISM-Frequenzen, d.h. auf einem Frequenzband, welches für wissenschaftliche, industrielle und medizinische Zwecke freigehalten ist.[27] In Europa können zusätzlich die Bereiche unter 135 kHz, in den USA und in Japan unter 400 kHz, genutzt werden.[28] Global haben sich jedoch die Frequenzbereiche bis 135 kHz (Langwelle, LF), 13,56 MHz (Kurzwelle, HF), 868 MHz für Europa bzw. 915 MHz für USA (Ultrakurzwelle, UHF) für den kommerziellen Einsatz von RFID-Systemen etabliert. Die Frequenzen 2,45 GHz und 5,8 GHz (Mikrowelle, MW) werden derzeit kaum verwendet.[29] RFID-Systeme können Distanzen von nur wenigen Millimetern bis zu ca. 15 Metern überbrücken. Es kommt allerdings darauf an, welche Kopplungsverfahren für die Energieversorgung und für die Datenübertragung genutzt werden. Auch Störfaktoren wie Metall oder Nässe können die Reichweite beeinflussen.[30]

2.4.2 Speicher

Es wird zwischen den nichtflüchtigen Speichertypen ROM, EPROM, EEPROM und Flash-EPROM je nach RFID Anwendung differenziert. Wie unter ,Read-only-Transpondern' ausgeführt, werden ROM Speicher bereits ab Werk mit einer unveränderlichen Identifikationsnummer versehen. Sie können weder gelöscht noch beschrieben werden und eignen sich deswegen nur für RFID-Massenanwendungen, zur reinen Identifikation, mit geringem Datenvolumen. Bei EPROM, EEPROM und Flash-EPROM hingegen, können Daten mit unterschiedlich großem Aufwand gelöscht und neu geschrieben werden. Für die gängigen, induktiv gekoppelten RFID-Systeme werden vorwiegend EEPROM-Speicher mit Kapazitäten von 16 Byte bis 18 Byte eingesetzt.[31] Um schnelle Zugriffszeiten auf das RFID-System zu ermöglichen, werden als Arbeits- bzw. Zwischenspeicher SRAM- oder bevorzugt FRAM-Speicher eingesetzt, da diese auch ohne kontinuierliche Energieversorgung arbeiten können.[32]

---

[27] Vgl. Schoblick, R., Schoblick, G. (2005), S. 126.
[28] Vgl. Bundesamt für Sicherheit in der Informationstechnik (2004), S. 28.
[29] Vgl. Kern, C. (2006), S. 44.
[30] s. dazu Tabelle 1.
[31] Vgl. Finkenzeller, K. (2006), S. 30.
[32] Vgl. Bundesamt für Sicherheit in der Informationstechnik (2004), S. 31.

2.4.3 Energieversorgung der Transponder und Datenübertragung

Sowohl Reader als auch Transpondermikrochips benötigen für die Kommunikation und die Datenverarbeitung Energie. Die Spannungsversorgung stationärer Reader ist durch angeschlossene Rechner sichergestellt, mobile Geräte werden durch Akkus versorgt. Transponder hingegen werden je nach eingesetzter RFID-Technologie auf unterschiedliche Weise mit Energie gespeist. Weil sich die Energieversorgung auf die Lebensdauer, Reichweite und Baugröße der Tags auswirkt, handelt es sich um ein wichtiges Unterscheidungskriterium. Es lassen sich aktive und passive Transponder unterscheiden. Grundlegend wird zwischen den zwei folgenden Arten differenziert:[33]

- Passive Transponder besitzen keine eigene Energiequelle. Sie beziehen die nötige Spannung über die Koppeleinheit aus dem vom Reader erzeugten elektrischen, magnetischen oder elektromagnetischen Feld. Experten ordnen dieser Variante eine überaus lange Lebensdauer zu. „Die fehlende Batterie ermöglicht sehr kleine Baugrößen."[34]

- Aktive Transponder werden durch eine eigene Batterie mit Strom versorgt. Allerdings nutzen sie diesen Strom nur zum Betrieb des Mikrochips, zur Datenkommunikation verwenden sie - genauso wie die passiven Transponder - das magnetische oder elektromagnetische Feld des Readers. Gegenüber den passiven Transpondern haben aktive den Vorteil, „[dass] Signale mit einem größeren Informationsgehalt und größeren Distanzen gelesen werden können."[35] Grundsätzlich ist diese Variante teurer, als die der passiven Transponder, sie bietet jedoch einen größeren Funktionsumfang. Die Anzahl der Zugriffe, sowie die Kapazität der Batterie, und die Umgebungstemperatur legen die Lebensdauer eines aktiven Transponders fest.[36]

Die Kopplungsverfahren zur Daten- und Energieübertragung hängen von den verschiedenen Frequenzbereichen ab. Es wird zwischen kapazitiver und induktiver Kopplung und dem aus der Radartechnologie stammenden Backscatter-Verfahren (siehe

[33] Vgl. Finkenzeller, K. (2006), S. 23 ff.
[34] Dittmann, L. (2006), S. 40.
[35] Schoetzke, F., Urban, F., http://www.mylogistics.net/de/news/print_themen1.jsp?key=news472182, Stand 12.05.2008.
[36] Vgl. Dittmann, L. (2006), S. 41.

Tabelle 1) unterschieden.[37] Stark vereinfacht versteht man unter kapazitiver Kopplung die Übertragung elektrischer Energie aus einem Stromkreis in einen anderen Stromkreis über eine gemeinsame Kapazität. Werden zwei Spulen als Antennen in einem Abstand gekoppelt, der geringer als eine Wellenlänge zwischen den Spulen ist, so spricht man von induktiver Kopplung. Das Backscatter-Verfahren benutzt die eingestrahlte elektrische Energie, verändert ihre Merkmale und wirft sie dann zu einer entfernten Empfangsantenne zurück.

2.4.4 Vielfachzugriffsverfahren

Wenn mehrere Transponder gleichzeitig in der Reichweite des Readers ihre Identifikationsnummer senden, kann es zu Signalüberlagerungen kommen, da alle Transponder eines RFID-Systems den gleichen Frequenzbereich nutzen. In diesem Fall spricht man von einer Kollision der Daten. Zur Vermeidung einer Kollision existieren eine Reihe von so genannten Antikollisionsverfahren. Beispielsweise das ALOHA- oder das Binärbaumverfahren.[38] Abschließend zu den theoretischen Grundlagen wird im nächsten Abschnitt eine Prognose für die zukünftige Entwicklung der beschriebenen RFID-Technologie aufgezeigt.

2.5 Zukünftige Entwicklung der RFID-Technologie

Die kontaktlose Identifikation durch den Einsatz von RFID hat sich in der jüngeren Vergangenheit immer mehr zu einem eigenständigen interdisziplinären Gebiet entwickelt. Sie passt in keine klassischen Schubladen mehr, da Elemente, wie z.B. High Frequency-Technik oder Halbleitertechnik und weitere Fachgebiete einfließen.[39] Die Prognosen von Experten und befragten Unternehmen zur zukünftigen Marktentwicklung für die verschiedenen Identifizierungstechnologien weist branchenunabhängig zu nahezu 100 Prozent für RFID eine steigende Entwicklung auf. Ferner erwartet neben der Konsumgüterindustrie auch die Logistikbranche mit zunehmendem Einsatz von RFID einen Rückgang des Barcodes, „das heißt, hier wird es ganz klar mehr zu einer Verdrängung als zur Erschließung neuer Anwendungsfelder

---

[37] Vgl. Kern, C. (2006), S. 48 ff.
[38] Vgl. Lampe, M., Flörkemeier, C., Haller, S. (2005), S. 76.
[39] Vgl. Finkenzeller, K.,(2006), S. 2.

kommen."[40] Abbildung 2 bildet Entwicklungsprognosen für RFID in Europa ab. Es zeigt sich, dass ein deutlicher Aufschwung zu erwarten ist:[41]

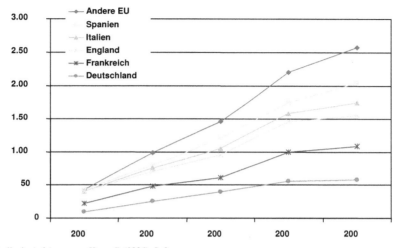

Quelle: in Anlehnung an: Kern, C. (2006), S. 3.

Abbildung 2: Entwicklungsprognosen für RFID-Umsatz in Mio. Euro

Zusammenfassend lassen sich die Stärken und Schwächen von RFID gegenüberstellen. Zu den Stärken zählen:

- berührungsloser Datenaustausch auf Funkbasis,
- zügige Datenerfassung mehrerer Produkte gleichzeitig bei hoher Lesesicherheit,
- Unempfindlichkeit gegen Nässe, Verschmutzung, mechanische Einflüsse, Hitze bis 100 Grad Celsius und Kälte bis -20 Grad Celsius,[42]
- einfache Integration in Waren, etwa durch Aufkleben der RFID-Transponders,
- Chance zur Ausstattung mit Temperatur- und Drucksensoren,
- Leserichtung spielt keine Rolle,
- der RFID-Tag löst einen Lesevorgang automatisch aus, wenn er sich in Reichweite des Readers befindet.[43]

---

[40] Bone, T., Dirkling, S., Lammers, W., (2004), S. 42.
[41] Vgl. Hompel ten, M. (2005), S. 5.
[42] Vgl. Ludwig-Grund, P. (2007), S. 9.
[43] Vgl. Schmidt, D. (2006), S. 32 ff.

Als Schwächen der RFID-Technologie können folgende Punkte angeführt werden:

• Unterschiedliche Frequenzen in Europa und USA.

• Zum Teil Abneigung bei Verbrauchern aus Gründen des Datenschutzes (gläserner Konsument).[44]

Im nächsten Kapitel 3 steht RFID in der Praxis im Betrachtungsmittelpunkt.

3 RFID in der Praxis

Von Bedeutung für den endgültigen Durchbruch der RFID-Technologie sind so genannte globale Standards. Darauf konzentrieren sich die weiteren Ausführungen.

3.1 Standards

Erst durch die Einführung von verbindlichen Normen und Standards ist eine Abwägung der Vor- und Nachteile von RFID-Systemen im praktischen Einsatz auch betriebsübergreifend möglich.[45] Durch die internationale Vereinheitlichung der Netzwerkkomponenten wird sichergestellt, dass diese weltweit in gleicher Weise eingesetzt werden können. Beispielsweise ist in den Normen ISO 18000-x, ISO 15693 und ISO 14443 die Gestaltung von Luftschnittstellen im Bezug auf Frequenz und Datenmodulation geregelt.[46] Der daraus resultierende Wettbewerb wirkt sich positiv auf den technischen Fortschritt und die Kostenentwicklung in der RFID Technologie aus. Die Standardisierungsbemühungen wurden maßgeblich u.a. von Organisationen wie EPCglobal und ISO, mit dem klaren Ziel wirtschaftliche und technische Standards für das EPCglobal Netzwerk zu entwickeln, vorangetrieben.[47] Das so genannte EPCglobal Netzwerk, als Nachfolger des im Jahre 1999 gegründeten Auto ID-Centers, ist eine treibende Kraft bei weltweiten Standardisierungsbemühungen. „Denn nur wenn sich Anwender auf Standards verlassen können, sind sie in der Lage, RFID in [z.B.] offenen Logistiksystemen zu nutzen."[48] Das Ziel der Non-Profit Organisation besteht darin, die jederzeitige Identifikation von Objekten und deren Informationsabruf aus einem weltweiten Netzwerk heraus zu gewährleisten. EPCglobal ermöglicht Produzenten,

---

[44] Vgl. Wannenwetsch, H. (2007), S. 328f. sowie Vahrenkamp, R. (2007), S. 72.
[45] Vgl. Kern, C. (2006), S. 169.
[46] Vgl. Fraunhofer Institut Materialfluss und Logistik (2002), S. 12.
[47] Vgl. Informationsforum RFID (2007), http://www.info-rfid.de/technologie/22.html, Stand 22.04.2008.
[48] Dittmann, L., (2006), S. 92.

Lieferanten und Händlern entlang der Lieferkette einen komfortablen Zugriff auf und den Austausch von produktbezogen Daten per Internet. Die mit dem EPC verknüpften Informationen, wie z.b. Herstellungsdatum, Haltbarkeitsdatum und Aufenthaltsort einer Ware können nahezu in Echtzeit abgerufen werden.[49] Auf die Kosten von RFID wird im nächsten Abschnitt eingegangen.

3.2 Kosten und Wirtschaftlichkeit

In wie weit sich die Einführung eines RFID-Systems für Firmen rechnet, hängt von den individuellen Anforderungen an das System ab. Neben weiteren Faktoren kommt es insbesondere darauf an, wie viele Transponder nötig sind und ob diese mehrfach verwendet werden können. Die Frage, ob sich die Investitionskosten für RFID auszahlen, bzw. ob der Nutzen die Kosten rechtfertigt, kann aktuell noch nicht abschließend beantwortet werden. Die RFID-Studien liefern noch keine fundierten Zahlen hinsichtlich der Gesamtinvestitionen und der laufenden Kosten.[50] Den Einsparungspotenzialen werden zu Beginn hohe Anschaffungskosten gegenüber stehen.[51] Um Aussagen über die Wirtschaftlichkeit einer RFID-Anwendung machen zu können, wird in der Regel die Kennzahl Return-On-Investment (ROI) herangezogen.[52] Durch diese Kennzahl lassen sich die Rendite des eingesetzten Kapitals und die Dauer des Kapitalrückflusses bestimmen.[53] Dabei sind die Anzahl der Objekte, z.B. Paletten, und die Umschlaggeschwindigkeit von hoher Bedeutung für die Rentabilität und Amortisation einer RFID-Investition. Unternehmen mit niedrigen Stückzahlen und Umschlaggeschwindigkeiten werden einen schlechteren ROI realisieren, da die Kosten in Relation zu den Einsparungen zu hoch sind. Kosten für die Chips liegen zurzeit etwa bei 0,20 Euro bis 0,30 Euro. Die Kosten für Lesegeräte liegen bei 100 Euro bis 1.500 Euro, die aber vor dem Hintergrund der erwarteten Verbreitung von RFID sinken werden.[54] Nach Expertenansicht hängt der endgültige Durchbruch auf allen Märkten zentral von der Entwicklung der Transponder-Preise ab. „Aktuell schränkt der Preis des Transponders das Einsatzfeld der RFID-Systeme auf tatsächlich hochwertige Güter ein.

---

[49] Vgl. Clasen, M. (2006), S. 3 ff.
[50] Vgl. Bundesamt für Sicherheit in der Informationstechnik (2004), S. 91 ff.
[51] Vgl. Marek, C. (2007), S. 44 ff.
[52] Vgl. Strassner, M. (2005), S. 179 ff.
[53] Vgl. Schneck, O. (2004), S. 10 f.
[54] Vgl. Behrenbeck, K., Küpper, J., Magnus, K. u.a. (2005), S. 52.

So nimmt die Textilbranche an, dass sich die RFID-Systeme erst dann lohnen, wenn der Transponder weniger als [zwei Prozent] des Verkaufspreises der Ware kostet…Falls der technische Fortschritt auch weiterhin im immensen Preisverfall der IT-Hardware mündet, wird die RFID-Technologie bis 2010 für den Massenmarkt attraktiv sein."[55] Ein Hemmnis für den praktischen Einsatz von RFID stellt u.U. die Störanfälligkeit dar.

3.3 Störanfälligkeit

Der Daten- und Energietransfer in gewissen Frequenzbereichen erweist sich als schwierig, wenn sich Flüssigkeiten oder Metalle in der näheren Umgebung befinden: Im Vergleich zu UHF-Systemen wird das HF-Feld nicht von Flüssigkeiten oder menschlichem Gewebe absorbiert. Dies ermöglicht einen Betrieb durch Flüssigkeiten oder den menschlichen Körper hindurch. Bei UHF-Systemen ist das Durchdringen von Flüssigkeiten von der elektrischen Leitfähigkeit abhängig. Wasser hat eine hohe elektrische Leitfähigkeit und absorbiert bzw. reflektiert elektromagnetische Energie. Öl oder Petroleum haben eine relativ niedrige Leitfähigkeit. Elektromagnetische Energie wird nur wenig abgeschwächt.[56] RFID-Systeme sind grundsätzlich empfindlich bei Metallteilen im Betriebsbereich. Wenn elektromagnetische Energie eine Materie passiert, wird ein Teil der Energie absorbiert und in Wärme umgewandelt. Die Abschwächung von Funksignalen hängt von den Eigenschaften des Materials ab. Bei Metallen entsteht eine beinahe vollständige Absorption. Je tiefer die Frequenz desto weniger Probleme im Umgang mit Metall.[57] Aspekte zur Sicherheit bei dem Einsatz von RFID werden nachfolgend thematisiert.

3.4 Sicherheit

Wenn Unternehmen RFID einsetzen, ist eine Absicherung des Systems, nach außen hin, von hoher Bedeutung, da gerade die Luftschnittstelle zur Datenübertragung eine große Sicherheitslücke darstellt. Unterschiedlich motivierte Angreifer, wie Wettbewerber oder RFID-Gegner, könnten über diese Lücke sensible Daten auslesen oder das System

---

[55] Deutsche Bank Research (2006), S. 5.
[56] Vgl. Finkenzeller, K. (2006), S. 28.
[57] Vgl. Pflaum, A. (2001), S. 104.

manipulieren.[58] Als mögliche Sicherheitsmaßnahmen bieten sich beispielsweise folgende Authentifizierungs- und Verschlüsselungsverfahren an:[59]

Die Authentifizierung prüft die Identität einer Person oder eines Programms und gewährt im Anschluss dementsprechenden Zugriff auf die Daten der jeweiligen RFID-Komponente. Speziell die Authentifizierung von Transpondern durch den Reader und umgekehrt von ist Bedeutung. Zuerst sollte sichergestellt werden, ob die Identifikationsnummer des Transponders auch wirklich zum Nummernkreis des Systems gehört. Die simpelste aber auch unsicherste Authentifizierungsmethode ist der Passwortschutz. Sowohl im Speicher des Transponders, als auch im Speicher des Readers ist ein Kennwort hinterlegt. Stimmen die Beiden überein, wird der Datenzugriff gewährt.[60] Mehr Sicherheit bieten Hash-Lock-Verfahren. Durch einen per Hash-Funktion errechneten Schlüssel wird eine so genannte Meta-ID generiert und im Transponderspeicher abgelegt. Diese Meta-ID dient als Deckname für die eigentliche Identifikationsnummer. Ab diesem Moment antwortet der Transponder auf Abfragen nur noch mit der Meta-ID und nicht mehr mit seiner tatsächlichen Identifikationsnummer. Will der Reader Daten von diesem Transponder auslesen, muss er erst den passenden Schlüssel aus der Backend-Datenbank abrufen und die Abfrage erneut mit dem Schlüssel senden. Der Transponder wendet die Hash-Funktion auf den Schlüssel an und wenn sich das Ergebnis mit der Meta-ID deckt, gilt der Reader als authentifiziert und der Datenzugriff wird erlaubt. Auch das Challenge-Response-Verfahren wird als relativ sicher eingestuft. Bei diesem Verfahren schickt der Reader an den Transponder eine Zufallszahl oder einen Zeitstempel, den dieser verschlüsselt an den Reader zurückschickt. Da der verwendete Schlüssel ausschließlich den beiden Komponenten bekannt ist, nie übertragen wird und für jede Sitzung ein neuer Zeitstempel generiert wird, lässt sich die Kommunikation nicht ausspionieren.[61] In dem nächsten Abschnitt werden einige Praxisbeispiele angeführt.

3.5 RFID – Anwendungsbeispiele

Die elektronische Wegfahrsperre kann als ein Beispiel für die Anwendung von RFID gesehen werden.

---

[58] Vgl. Marek, C. (2007), S. 12 f.
[59] Vgl. Bundesamt für Sicherheit in der Informationstechnik (2004), S. 47 ff.
[60] Vgl. Finkenzeller, K. (2006), S. 235 ff.
[61] Vgl. Bundesamt für Sicherheit in der Informationstechnik (2004), S. 51 ff.

3.5.1 Elektronische Wegfahrsperre

Die herkömmlichen KFZ-Diebstahlsicherungssysteme, wie ferngesteuerte Zentralverriegelungen und Alarmanlagen, wurden Mitte der 90er Jahre durch elektronische Wegfahrsperren ergänzt.[62] Der mechanische Zündschlüssel wird hier zusätzlich mit einem RFID-Chip ausgestattet und der dazugehörige Reader in das Zündschloss eingebaut. Verschiedene Authentifizierungsverfahren prüfen beim Einschalten der Zündung die Echtheit des Schlüssels. Der Reader steuert die digitale Motorelektronik und gibt erst nach einer positiven Authentifikation die Startfreigabe.[63] Der Einsatz von RFID erfolgt auch in den Stadtbibliotheken Münchens.

3.5.2 Bibliotheken

Zu Beginn des Jahres 2006 haben die Münchener Stadtbibliotheken auf RFID-Technologie umgestellt. Neben mehr Komfort für den Nutzer, wie die Vermeidung von Wartezeiten beim Ausleihvorgang und die Möglichkeit der Bücherrückgabe außerhalb der Öffnungszeiten, konnte die Stadt München erheblich Personal einsparen. „Von den insgesamt 3,15 Millionen Medien ... soll bis 2009 der gesamte Freihandbestand (1,5 Millionen) mit RFID-Labels für Selbstverbuchungsvorgänge ausgestattet sein, München erwartet von der Umstellung auf RFID-Technik künftig jährliche Einsparungen in Höhe von rund 1,5 Millionen Euro – vor allem weil weniger Mitarbeiter benötigt werden"[64], so ein Bericht im heise online Newsticker.

Nach der erfolgreichen Identifizierung des Nutzers mittels einer kontaktlosen Chipkarte, können an einem Selbstverbuchungsterminal mehrere Bücher gleichzeitig entliehen werden.[65] Dem Transponder des Mediums wird der Status ‚entliehen' zugewiesen, damit die RFID-Schranke im Ausgangsbereich beim Verlassen der Bibliothek keinen Alarm auslöst. Ein automatisiertes Mahnwesen, eine laufende Inventur in Echtzeit und das Finden falsch in den Regalen eingeordneter Bücher helfen der Bibliothek, effizient zu arbeiten und eine bessere Kontrolle über den Bestand zu behalten.[66]

---

[62] Vgl. Finkenzeller, K. (2006), S. 422 ff.
[63] Vgl. Wannenwetsch, H. (2007), S. 327 sowie Schoblick, R., Schoblick, G. (2005), S. 154.
[64] Heise Online (2006), http://www.heise.de/newsticker/meldung/68750, Stand 19.04.2008.
[65] Vgl. Kern, C. (2006), S. 133 f.
[66] Vgl. Schoblick, R., Schoblick, G. (2005), S. 171 f.

4   Schlussbetrachtung

Bei der RFID-Technologie mit ihren spezifischen Merkmalen und Komponenten handelt es sich um keine revolutionäre Neuentwicklung der vergangenen Jahre. In vielen Bereichen des Alltags, z.b. in Bibliotheken, Kaufhäusern oder als Wegfahrsperre im Automobil, ist sie präsent. Die RFID-Technologie weist seit Jahren eine dynamische Entwicklung auf. Dies ist vor allem an der Anzahl neuer Anwendungen bzw. Einsatzgebiete deutlich zu erkennen. Aus der bisherigen Entwicklung lässt sich ableiten, dass mittelfristig eine weitere Zunahme der im Markt abgesetzten Transponder erfolgt. Jedoch ist nicht davon auszugehen, dass es in allen Wirtschaftsbereichen einen plötzlichen Durchbruch geben wird. Vielmehr ist mit der Fortsetzung eines stetigen und moderaten Wachstums dieses Auto-ID-Verfahrens zu rechnen. Beispielsweise zeigt sich ein solcher Prozess im betriebswirtschaftlichen Teilgebiet der Logistik. Die von einigen Experten vertretene Euphorie ‚RFID revolutioniert die Logistik' „… ist der Erkenntnis gewichen, dass in der Logistik eher ein evolutionärer Prozess stattfinden wird."[67] Zweifellos bietet die RFID-Technologie vielfältige Chancen, denen auch verschiedene Risiken gegenüberstehen. Für den Einsatz der RFID-Technologie sind erhebliche Investitionen (Hardware, Infrastruktur und Softwareintegration) erforderlich. Ein RFID ‚von der Stange' oder eine Ideallösung wird es auch zukünftig nicht geben.[68]

---

[67] Hompel ten, M., Lange, V. (2004), S. 170.
[68] Vgl. Coulon, C. (2005), S. 30.

Literaturverzeichnis

Behrenbeck, K., Küpper, J., Magnus, K., Thonemann, U. (2005): Kleiner Chip - große Hoffnung, in: Logistik heute (Hrsg.): Software in der Logistik: Schwerpunkt RFID, München 2005, S. 50-54

Bone, Th. / Dirkling, S. / Lammers, W. (2004): Erwartungen bei Handel und Industrie, in: Hompel ten, M. / Lange, V. (Hrsg.): Radio Frequenz Identifikation 2004: Logistiktrends für Industrie und Handel, Dortmund 2004, S. 34-83

Bundesamt für Sicherheit in der Informationstechnik (2004): Risiken und Chancen des Einsatzes von RFID-Systemen: Trends und Entwicklungen in Technologien, Anwendungen und Sicherheit, Bonn 2004

Clasen, M. (2006): Das EPCglobal-Netzwerk – A Tool for Tracking and Tracing in Realtime, in: elektronische Zeitschrift für Agrarinformatik, Heft 1 2006, S. 3-15

Coulon, C. (2005): Gibt es die Ideallösung?, in: Logistik heute (Hrsg.): Software in der Logistik: Schwerpunkt RFID, München 2005, S. 26-30

Dittmann, L. (2006): Der angemessene Grad an Visibilität in Logistik-Netzwerken: Die Auswirkungen von RFID, Wiesbaden 2006 (zugleich Dissertation, Universität St. Gallen 2005)

Finkenzeller, K. (2006): RFID-Handbuch, 4. Aufl., München 2006

Fleschner, F. / Matting, M. 2006: CeBIT 2006: Die sieben Trends des Jahres: Versteckte Signale, in: Focus Nr. 10, 6. März 2006, S. 97-102

Gillert, F., Hansen, W. (2007): RFID für die Optimierung von Geschäftsprozessen, München 2007

Hansen, H., Neumann, G. (2005): Informationstechnik, 9. Aufl., Stuttgart 2005

Hompel ten, M. (2005): „Material Internet" – Visionen künstlicher Intelligenz, in: Logistik heute (Hrsg.): Software in der Logistik: Schwerpunkt RFID, München 2005, S. 5

Hompel ten, M., Lange, V. (2004): Ausblick, in: Hompel ten, M., Lange, V. (Hrsg.): Radio Frequenz Identifikation 2004: Logistiktrends für Industrie und Handel, Dortmund 2004, S. 170-171

Kern, C. (2006): Anwendung von RFID-Systemen, Berlin 2006

Kümmerlen, R. (2008): Der Handel erwartet RFID, in: DVZ Nr. 47 vom 17.04.2008, S. 7

Lampe, M., Flörkemeier, C., Haller, S. (2005): Einführung in die RFID-Technologie, in: Fleisch, E., Mattern, F. (Hrsg.), Das Internet der Dinge, Berlin 2005, S. 69-86

Löwer, C. (2007): Schlüsseltechnologie mit Startschwierigkeiten, in: Handelsblatt Nr. 122 vom 28. Juni 2007, S. 18

Ludwig-Grund, P. (2007): Flughäfen und Logistiker rüsten auf für Frischware, in: Handelsblatt Nr. 198 vom 15. Oktober 2007, S. 9

Martin, H. (2006): Transport- und Lagerlogistik: Planung, Struktur, Steuerung und Kosten von Systemen der Intralogistik, 6. Aufl., Wiesbaden 2006

Marek, Chr. (2007): RFID – Kosten und Nutzen: Eine wirtschaftliche Analyse, Saarbrücken 2007

Pflaum, A. (2001): Transpondertechnologie und Supply Chain Management: Elektronische Etiketten – Bessere Identifikationstechnologie in logistischen Systemen?, Hamburg 2001

Reppesgaard, L. (2007): Container suchen sich ihren Weg, in: Handelsblatt Nr. 225 vom 21. November 2007, S. 23

Schmidt, D. (2006): RFID im mobile Supply Chain Event Management: Anwendungsszenarien, Verbreitung und Wirtschaftlichkeit, Wiesbaden 2006

Schneck, O. (2004): Finanzierung, 2.Aufl., München 2004

Schoblick, R., Schoblick, G. (2005): RFID. Radio Frequency Identification, Poing 2005

Strassner, M. (2005): RFID im Supply Chain Management: Auswirkungen und Handlungsempfehlungen am Beispiel der Automobilindustrie, Wiesbaden 2005

Vahrenkamp, R. (2007): Logistik: Management und Strategien, 6. Aufl., München / Wien 2007

Wannenwetsch, H. (2007): Integrierte Materialwirtschaft und Logistik: Beschaffung, Logistik, Materialwirtschaft und Produktion, 3. Aufl., Berlin 2007

Internet-Quellen:

Deutsche Bank Research (2006): RFID-Funkchips: Zukunftstechnologie in aller Munde, http://www.ecin.de/mobilebusinesscenter/rfid-funkchips/, Stand: 12.05.2008

Fraunhofer Institut Materialfluss und Logistik (2002): Das Internet der Dinge wird die Welt bewegen, http://www.vdeb.de/download/Logistik_morgen_Vortrag_ten_Hompel.pdf, Stand: 12.05.2008

Heise Online (2006): München stellt Bibliotheken auf RFID-Technik um, http://www.heise.de/newsticker/meldung/68750, Stand: 18.04.2008

Informationsforum RFID (2007), http://www.info-rfid.de/technologie/22.html, Stand 22.04.2008

Schoetzke, F. / Urban, F. (2006): RFID: Nur eine Technologie?,
    http://www.mylogistics.net/de/news/print_themen1.jsp?key=news472182, Stand:
    12.05.2008